This Book Belongs To

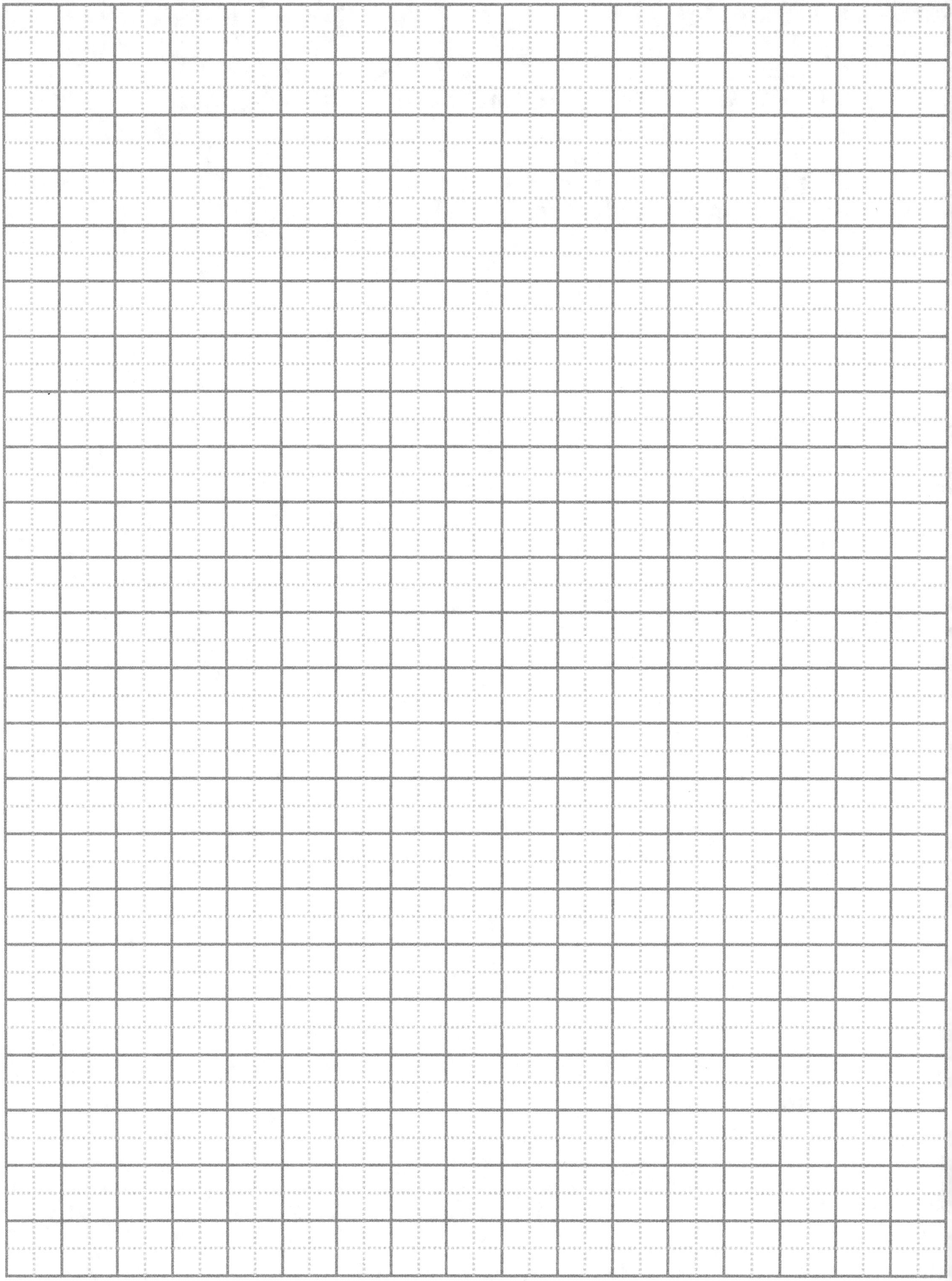

www.ingramcontent.com/pod-product-compliance
Lightning Source LLC
LaVergne TN
LVHW081539060526
838200LV00048B/2141
* 9 7 8 1 7 1 6 2 2 3 3 7 2 *